GARFIELD

monte un bateau

PAR JIM DAVIS

Publié par **Presses Aventure**, une division de
Les Publications Modus Vivendi Inc.
3859, autoroute des Laurentides
Laval (Québec) H7L 3H7
Canada

Dépot légal: 3e trimestre 2002
Bibliothèque nationale du Québec
Bibliothèque nationale du Canada
Bibliothèque nationale de France

Traduction de: Garfield Takes the Cake
ISBN 2-89543-052-7

Canada Nous reconnaissons l'aide financière du gouvernement du Canada par l'entremise du Programme d'aide au développement de l'industrie de l'édition (PADIÉ) pour nos activités d'édition.

« Gouvernement du Québec – Programme de crédit d'impôt pour l'édition de livres – Gestion SODEC »

PAR JIM DAVIS

GARFIELD

monte un bateau

TRADUIT DE L'AMÉRICAIN PAR
LAURETTE THERRIEN

JIM DAVIS
BISOU
© 1980 United Feature Syndicate, Inc.
STOMP
STOMP
STOMP
STOMP
STOMP
11-3

L'HEURE DU BAIN, POOKY
11-4
© 1980 United Feature Syndicate, Inc.
JIM DAVIS

11-5
GARFIELD !
JPM DAVIS © 1980 United Feature Syndicate, Inc.

© 1980 United Feature Syndicate, Inc.
POURRAIS-TU M'EXPLIQUER ÇA, GARFIELD ?
11-6
JIM DAVIS

11-7
OH, DÉSOLÉ, ODIE. AIMERAIS-TU UN PEU DE MELON TOI AUSSI ?
JIM DAVIS
© 1980 United Feature Syndicate, Inc.

SCOUIC
SCOUIC
© 1980 United Feature Syndicate, Inc.
11-8
JIM DAVIS

ODIE
ODIE
ODIE
11-9
ODIE
WHOCK!
ODIE
© 1980 United Feature Syndicate, Inc
JIM DAVIS
ODI

11-10
GRAND-PAPA!
LA FERME, FISTON. OÙ EST LE FRIGO ?
JIM DAVIS
© 1980 United Feature Syndicate, Inc.

C'EST BON DE TE VOIR, GRAND-P'PA. JE PARIE QUE TU ES TOUJOURS LE MEILLEUR RATIER EN VILLE
11-11
JE NE CHASSE PLUS
POURQUOI ?
T'AS DÉJÀ MORDU UN RAT AVEC TES GENCIVES ?
© 1980 United Feature Syndicate, Inc.
JIM DAVIS

ET COMMENT QUE JE ME SOUVIENS DE TA VENUE AU MONDE, FISTON. TU PESAIS 2,5 KILOS À LA NAISSANCE. C'EST GROS POUR UN CHATON
11-12
J'ÉTAIS EN DEHORS DE LA VILLE CE JOUR-LÀ
ALORS COMMENT PEUX-TU T'EN SOUVENIR?
J'AI ENTENDU LES CRIS
© 1980 United Feature Syndicate, Inc.
JIM DAVIS

RACONTE QUAND J'ÉTAIS BÉBÉ GRAND-P'PA
11-13
TU ES NÉ DANS LA CUISINE DU RESTAURANT ITALIEN MAMMA LÉONIE. TU AS BATIFOLÉ DANS LES FETTUCINIS, ROULÉ DANS LES RAVIOLIS ET MANGÉ TOUTE LA LASAGNE
J'AI DÛ BATTRE DES RECORDS DE GOURMANDISE
SANS PARLER DE QUELQUES RÈGLES D'HYGIÈNE
© 1980 United Feature Syndicate, Inc.
JIM DAVIS

JE SUIS FATIGUÉ, JE CROIS QUE JE VAIS Y ALLER
ALLONS, GRAND-P'PA. LA SOIRÉE EST ENCORE JEUNE, PARLONS UN PEU
11-14
JE VAIS TE RACONTER L'INONDATION DE 1942
ÇA MARCHE À CHAQUE FOIS
Z
JIM DAVIS
© 1980 United Feature Syndicate, Inc.

NON, MAIS?
11-15
ÇA ALORS! JE PARIE QUE VOUS ÊTES PARENTS TOUS LES DEUX, NON ? JE VOIS DES AIRS DE FAMILLE
RAVALE TES PROPOS, ESPÈCE D'EMMERDEUR AUX YEUX BIGLEUX
© 1980 United Feature Syndicate, Inc.
JIM DAVIS

Z
HÉ, GARFIELD. ALLONS FAIRE DU JOGGING
CHOUP
© 1980 United Feature Syndicate, Inc.
JIM DAVIS
AHA !
IIIAOUCH !
GRIFFE
11-16
CETTE FOIS ENCORE, J'AURAIS DÛ RÉFLÉCHIR AUX CONSÉQUENCES DE MES ACTES

GRAND-P'PA ? C'ÉTAIT COMMENT QUAND J'ÉTAIS PETIT ?
11-17
OK C'ÉTAIT COMMENT QUAND J'ÉTAIS **JEUNE** ?
ÉCOUTE
© 1980 United Feature Syndicate, Inc.
JIM DAVIS

DIS-MOI, GRAND-P'PA, COMMENT EST GRAND-M'MAN?
ELLE RESSEMBLE DE PLUS EN PLUS À UN AIGLEFIN
11-18
ELLE POURRAIT DONNER DES LEÇONS DE MÉCHANCETÉ AU TERRIBLE ATTILA
ÇA NE VA PAS ENTRE VOUS, HEIN ?
À LA VÉRITÉ, LA LUNE DE MIEL EST TERMINÉE
© 1980 United Feature Syndicate, Inc.
JIM DAVIS

POURQUOI VOUS NE VOUS ENTENDEZ PAS, TOI ET GRAND-M'MAN?
JE L'AI ÉPOUSÉE PARCE QU'ELLE AVAIT UNE SILHOUETTE IMMUABLE
ALORS?
ELLE A MUÉ
11-19
© 1980 United Feature Syndicate, Inc.
JIM DAVIS

T'AI-JE DÉJÀ RACONTÉ LA TERRIBLE FAMINE DE 59 ? C'ÉTAIT TRISTE
LA NOURRITURE ÉTAIT SI RARE, BIEN DES GENS ONT MANGÉ LEURS CHATS
C'EST DÉGUEULASSE
ET TU ES CRÉDULE
11-20
© 1980 United Feature Syndicate, Inc.
JIM DAVIS

DE NOS JOURS, LES JEUNES ONT LA VIE BELLE
11-21
JE ME SOUVIENS D'AVOIR DÛ MARCHER 10 KILOMÈTRES CHAQUE JOUR POUR CHASSER LES RATS
JE NE PEUX PAS CROIRE ÇA
ET CROIRAIS-TU : TRAVERSER LA RUE POUR TRAQUER UN POULET ?
© 1980 United Feature Syndicate, Inc.
JIM DAVIS

AU REVOIR, GRAND-P'PA. DONNE DES NOUVELLES
JE VAIS ÉCRIRE BIENTÔT
11-22
LES CHATS NE PEUVENT PAS ÉCRIRE
LÀ TU PIGES
© 1980 United Feature Syndicate, Inc.
JIM DAVIS

© 1980 United Feature Syndicate, Inc.
JIM DAVIS
11-23
ALLÔ? L'HÔPITAL PSYCHIATRIQUE? ACCEPTEZ-VOUS LES ANIMAUX?
HA HA HA HA HA HA HA HA HA

11-24
SAIS-TU CE QUE J'AIME DES CHATS, GARFIELD ? VOUS ÊTES TELLEMENT DOCILES
RAOR !
JE DÉTESTE ÊTRE CATALOGUÉ
JIM DAVIS
© 1980 United Feature Syndicate, Inc.

11-25
OH NON !
JIM DAVIS
© 1980 United Feature Syndicate, Inc.

À MANGER!
PRESQUE, MAIS RATÉ
11-26
JIM DAVIS
© 1980 United Feature Syndicate, Inc.

JE RESTERAI PRIS ICI POUR LE RESTE DE MES JOURS SI JE NE FAIS PAS QUELQUE CHOSE
JE SUPPOSE QU'IL ME FAUDRA LÂCHER PRISE ET M'ÉCRASER SUR LE PLANCHER
JIM DAVIS
11-27
© 1980 United Feature Syndicate, Inc.

JIM DAVIS
11-28
© 1980 United Feature Syndicate, Inc.

CETTE TABLE EST POUSSIÉREUSE
JIM DAVIS
AACHOU !
DANS VINGT ANS, JE ME SOUVIENDRAI DE ÇA ET J'EN RIIIIIRAI
11-29
© 1980 United Feature Syndicate, Inc.

VOICI UNE MIGNONNE MIGNONNETTE !
ELLE POURRAIT SE FAIRE LES GRIFFES SUR MON DOS N'IMPORTE QUAND
© 1980 United Feature Syndicate, Inc
JE ME DEMANDE SI ELLE M'ACCOMPAGNERAIT AU CONCERT DE MIAULEMENTS CE SOIR, RUE DU CHÊNE
OH, SALUT À TOI, GARFIELD
SALUT FRANK
JIM DAVIS
11-30

BON SANG QUE JE M'ENNUIE
JIM DAVIS
12-1
BONJOUR, GARFIELD. UN AUTRE JOUR COMME TOUS LES AUTRES JOURS. N'EST-CE PAS MERVEILLEUX ?
IL Y A DES GENS QUI CONFONDENT ENNUI ET SÉCURITÉ
© 1980 United Feature Syndicate, Inc.

J'AI BESOIN DE CHANGE-MENT
JIM DAVIS
12-2
JE PEUX TROUVER UN PASSE-TEMPS. OU APPRENDRE UNE NOUVELLE LANGUE. OU BIEN PRATIQUER UN SPORT
JE PEUX CONTINUER À M'ENNUYER. ÇA EXIGE MOINS D'EFFORT
© 1980 United Feature Syndicate, Inc.

FLICK
JIM DAVIS
FLICK
12-3
TU SAIS QUE TU T'ENNUIES QUAND TU TE METS À ADORER FAIRE SAUTER UNE PELUCHE
© 1980 United Feature Syndicate, Inc.

CHAQUE JOUR LA MÊME NOURRITURE ENNUYEUSE, LES MÊMES PERSONNES ENNUYEUSES, LA MÊME ROUTINE ENNUYEUSE
RRRR
JIM DAVIS
12-4
RAOR !
FFFT !
LES MÊMES BATAILLES ENNUYEUSES
© 1980 United Feature Syndicate, Inc.

SAVEZ-VOUS OÙ J'HABITE? DANS UNE VILLE ENNUYEUSE, VOILÀ
MAIS PAS POUR LONGTEMPS. JE PEUX CHANGER ÇA GRÂCE À MON ATTITUDE MENTALE
JE CROIS QUE JE VAIS FAIRE UN MOUVEMENT LATÉRAL VERS L'AUTO-APITOIEMENT
JIM DAVIS
12-5
© 1980 United Feature Syndicate, Inc.

JE M'ENNUIE
ARRRGH !
ÇA M'A AIDÉ
JIM DAVIS
12-6
© 1980 United Feature Syndicate, Inc.

CHOMP !
GLOUP !
GOBE!
12-7
© 1980 United Feature Syndicate, Inc.
PLIC !
ODIE !
JIM DAVIS

JIM DAVIS
DANS UN SENS, JE PRÉFÈRE GARFIELD MOINS AFFECTUEUX
© 1980 United Feature Syndicate, Inc.
12-8

GARFIELD, J'AI RÉFLÉCHI
JIM DAVIS
JE PENSE SÉRIEUSEMENT À TE FAIRE DÉGRIFFER
ET POUR QUELLE RAISON ?
12-9
© 1980 United Feature Syndicate, Inc.

POURQUOI JON ME FERAIT-IL DÉGRIFFER ? UN CHAT SANS GRIFFES EST COMME UNE ABEILLE SANS DARD
JIM DAVIS
UN PORC-ÉPIC SANS AIGUILLES, UN REQUIN SANS DENTS, UN SERPENT SANS VENIN !
© 1980 United Feature Syndicate, Inc.
JE CROIS QUE JE VOIS SON POINT DE VUE
12-10

D'ACCORD, DÉGRIFFER UN CHAT PEUT ÉPARGNER VOS MEUBLES. MAIS AUSSI LE LAISSER SANS DÉFENSE
12-11
JIM DAVIS
METTEZ-VOUS À MA PLACE . COMMENT VOUDRIEZ-VOUS TRAVERSER LA VIE
SACHANT QU'IL Y A QUELQUE PART UN CHIEN QUI PORTE VOTRE NOM ?
© 1980 United Feature Syndicate, Inc.

DES AMIS ET MOI VOULONS DÉBATTRE CETTE IDÉE DE DÉGRIFFAGE AVEC TOI
12-12
JIM DAVIS
MERCI, MES AMIS
© 1980 United Feature Syndicate, Inc.

GARFIELD, JE SUIS DÉSOLÉ D'AVOIR VOULU TE FAIRE DÉGRIFFER. IL FAUT OUBLIER ET PARDONNER, D'AC ?
JIM DAVIS
BUZZ !
BON, ON S'ENTEND POUR « PARDONNER »
© 1980 United Feature Syndicate, Inc.
12-13

OH LA LA ! UN POULET ! J'ADORE LE POULET !
UN INSTANT, GARFIELD
JE NE SAIS PAS COMMENT TE DIRE ÇA. JE SAIS QUE ÇA VA TE BRISER LE CŒUR
12-14
MAIS JE NE TE LAISSERAI PLUS JAMAIS TOUCHER UN POULET. TU POURRAIS T'ÉTOUFFER AVEC UN OS
© 1980 United Feature Syndicate, Inc
OH LA LA! UN HAMBURGERS! J'ADORE LES HAMBURGERS!
QUOI ! PAS UNE SECONDE DE DEUIL ?
JIM DAVIS

JE CROIS QU'IL EST TEMPS QUE TU RENCONTRES UNE CHATTE, GARFIELD
JIM DAVIS
12-15
ET SI TU NE SAIS PAS BIEN QUOI FAIRE, TU N'AS QU'À ME REGARDER ALLER
C'EST DÉJÀ FAIT
UNE ALLUSION, UNE GIFLE. UNE SUGGESTION, UNE GIFLE. UNE APPROCHE, UNE GIFLE
© 1980 United Feature Syndicate, Inc.

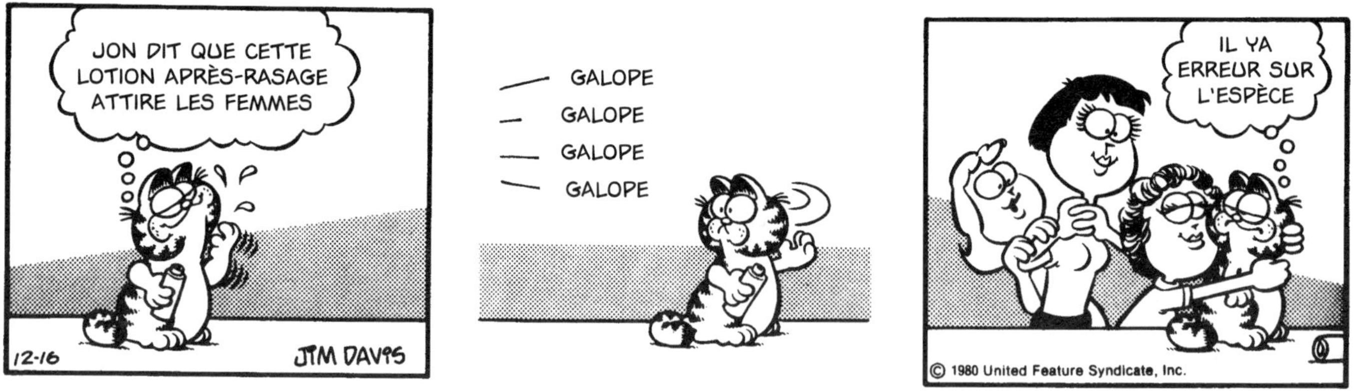
JON DIT QUE CETTE LOTION APRÈS-RASAGE ATTIRE LES FEMMES
12-16
JIM DAVIS
GALOPE
GALOPE
GALOPE
GALOPE
IL YA ERREUR SUR L'ESPÈCE
© 1980 United Feature Syndicate, Inc.

IL EST TEMPS QUE JE RENCONTRE UNE CHATTE QUI A DE BEAUX ATOUTS
JIM DAVIS
12-17
TU EN AS MIS DU TEMPS
© 1980 United Feature Syndicate, Inc.

COMMENT T'APPELLE-T-ON ?
12-18
JIM DAVIS
MON NOM EST ARLÈNE
ET COMMENT APPELLE-T-ON CET ESPACE ENTRE TES DENTS ?
CETTE RELATION PROMET D'ÊTRE PRÉCAIRE
© 1980 United Feature Syndicate, Inc.

JIM DAVIS
12-19
TU VEUX MANGER UNE SOURIS ?
TU VEUX TABASSER UN CHIEN ?
QUE C'EST BARBARE
QUE C'EST DÉGUEULASSE
© 1980 United Feature Syndicate, Inc.

DIS, ARLÈNE, À QUOI SERT CET ESPACE ENTRE TES DENTS ?
JIM DAVIS
12-20
QUAND TE REVERRAI-JE ?
LA PROCHAINE FOIS QUE JE VOUDRAI HÉLER UN TAXI
© 1980 United Feature Syndicate, Inc.

LES CHATS PEUVENT S'HABITUER À LA LAISSE SI VOUS VOUS ACCROCHEZ À L'IDÉE
© 1980 United Feature Syndicate, Inc.
JIM DAVIS
12-21

GARFIELD, SAURAIS-TU CE QUI EST ARRIVÉ À LA LASAGNE QUE J'AI PRÉPARÉE POUR DÎNER ?
JIM DAVIS
12-22
♪
JE NE SAVAIS PAS QUE TU POUVAIS SIFFLER
JE FERAIS DES CLAQUETTES AUSSI POUR CHANGER DE SUJET
© 1980 United Feature Syndicate, Inc.

T'AI-JE DÉJÀ DIT QUE J'AI 29 ANS, GARFIELD ?
JIM DAVIS
TU AURAIS 30 ANS MAIS TU AS ÉTÉ MALADE UNE ANNÉE
J'AURAIS 30 ANS MAIS J'AI ÉTÉ MALADE UNE ANNÉE
MON ROYAUME POUR UNE NOUVELLE RÉPLIQUE
12-23
© 1980 United Feature Syndicate, Inc.

DONNE ! DONNE ! DONNE !
JIM DAVIS
ÉCOUTE, GARFIELD ARBUCKLE , L'ESPRIT DE NOËL EST DE DONNER, PAS DE RECEVOIR
JE VAIS TE DONNER ÇA SI TU NE ME LE DONNES PAS. MAIN-TENANT DONNE !
C'EST BIEN L'ESPRIT
© 1980 United Feature Syndicate, Inc.
12-24

J'ADORE NOËL
JIM DAVIS
LES FÊTES ET LES CADEAUX
LES CLOCHES, LES CADEAUX, LA NOURRITURE, LES CADEAUX, LES DÉCORATIONS, LES CADEAUX, LE PLAISIR ET LES CADEAUX. JOYEUX NOËL !
© 1980 United Feature Syndicate, Inc.
12-25

OH NON ! J'AI TROP DORMI !
JIM DAVIS
12-26
JE SUIS EN RETARD !
POUR MA SIESTE
© 1980 United Feature Syndicate, Inc.

OH NON! MON COMPTE D'ÉLECTRICITÉ A ENCORE AUGMENTÉ! QUE FAIRE ?
UNE SEULE CHOSE À FAIRE DANS UN CAS COMME CELUI-CI
JIM DAVIS
12-27
DORS LÀ-DESSUS !
UN HOMME D'ACTION
ZZZZ
© 1980 United Feature Syndicate, Inc.

PAS DE PROBLÈME, SERGENT. JE VAIS DÉTRUIRE CE NID DE MITRAILLEUSES AVEC MON BAZOOKA
ALORS C'EST ÇA, LA VIE DE SALADE DE PATATES ?
12-28
RHETT, OH RHETT, QU'EST-CE QUE JE VAIS FAIRE ? OÙ VAIS-JE ALLER ?
CONDUIS-MOI À TON CHEF, TERRIEN, OU JE TE PULVÉRISE LA FACE
© 1980 United Feature Syndicate, Inc.
C'EST DE LA BOUFFE POUR MANGER, GARFIELD
QU'ESSAIES-TU DE FAIRE ? ME RENDRE MALADE OU QUOI ?
JIM DAVIS

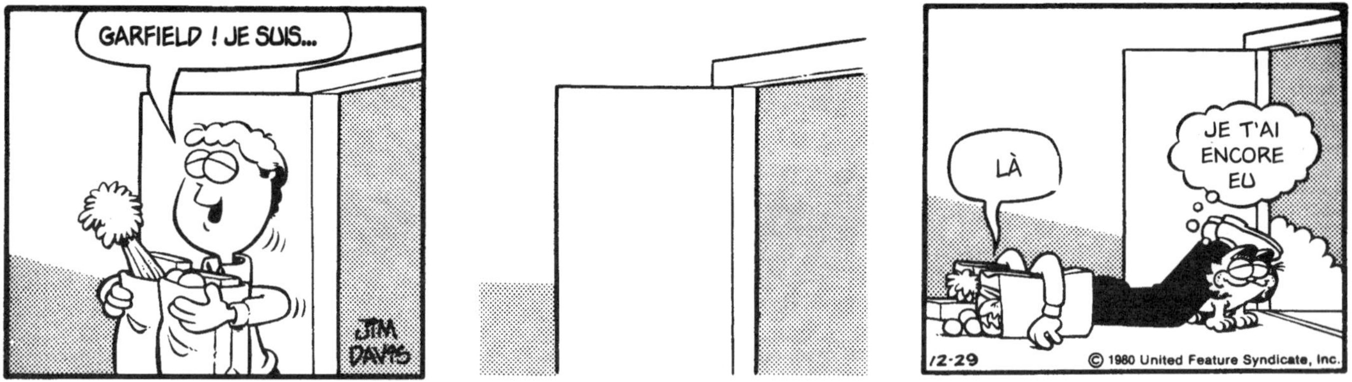
GARFIELD ! JE SUIS...
JIM DAVIS
LÀ
JE T'AI ENCORE EU
12-29
© 1980 United Feature Syndicate, Inc.

CETTE ANNÉE, JE PRENDS LA RÉSOLU-TION D'ÊTRE PLUS GENTIL AVEC ODIE
12-30
JIM DAVIS
KONG !
MAINTENANT QUE C'EST RÉGLÉ, JE PEUX PROFITER DU NOUVEL AN
© 1980 United Feature Syndicate, Inc.

VOICI POUR VOUS, MADELEINE, MA CHÈRE
JIM DAVIS
12-31
IL Y A UN POIL DE CHAT DANS MON PUNCH !
GARFIELD !
© 1980 United Feature Syndicate, Inc.

ALORS VOICI 1981
JIM DAVIS
1-1
UNE NOUVELLE ANNÉE REMPLIE DE NOUVELLES PROMESSES TOUTES FRAÎCHES
OUAIS, LA BELLE AFFAIRE
© 1981 United Feature Syndicate, Inc.

GOBE !
GOBE !
GOBE !
GARFIELD
1-2
JIM DAVIS
OÙ EST TON DÎNER ? ! ! OÙ EST MON DÎNER ? ! !
GARFIELD
UNE FOIS QUE MON APPÉTIT A PRIS SON ÉLAN, DIFFICILE DE LE FREINER
© 1981 United Feature Syndicate, Inc.

OK, QUI A MANGÉ MES CHAUSSETTES ?
JIM DAVIS
GARFIELD!!
LE GARS EST UN MEDIUM VOYANT
1-3
© 1981 United Feature Syndicate, Inc.

QUEL SENTIMENT ÉTRANGE M'ASSAILLE ?
J'AI ENVIE D'ÊTRE GENTIL AVEC TOUT LE MONDE AUJOURD'HUI !
BISOU
BISOU
BISOU
BISOU
BISOU
BISOU
© 1981 United Feature Syndicate, Inc.
1-4
LES GENS NE VEULENT PAS DE GENTILLESSE . ILS TE VEULENT ÉGAL À TOI-MÊME
JIM DAVIS

NOURRIS-MOI ! NOURRIS-MOI ! NOURRIS-MOI !
OK ! OK !
JIM DAVIS
GARFIELD
© 1981 United Feature Syndicate, Inc.
Z
GARFIELD
1-5

LES CHATS FONT LA SIESTE N'IMPORTE OÙ, N'IMPORTE QUAND
JIM DAVIS
1-6
TOUT LE MONDE DEVRAIT AVOIR CETTE CHANCE
EXCEPTÉ LES PILOTES DE L'AIR, SI POSSIBLE
© 1981 United Feature Syndicate, Inc.

Z
Z
© 1981 United Feature Syndicate, Inc.
QUAND GARFIELD FAIT LA SIESTE, IL DORT DUR
Z
1-7
JIM DAVIS

JE LA SENS QUI VIENT
JIM DAVIS
1-8
CRISE DE SIESTE !
ZZZZ
© 1981 United Feature Syndicate, Inc.

OH NON ! JE SENS VENIR UNE CRISE DE SIESTE, MAIS LE FILM TIRE À SA FIN. IL FAUT QUE JE RESTE ÉVEILLÉ
JIM DAVIS
1-9
Z
© 1981 United Feature Syndicate, Inc.

OUAIS, QUELLE BONNE NUIT DE SOMMEIL !
BÂILLE
JIM DAVIS
1-10
HÉ, GARFIELD, VIENS FAIRE DU JOGGING
Z
© 1981 United Feature Syndicate, Inc.

QU'EST-IL ARRIVÉ À MON DISQUE PRÉFÉRÉ ?
JE L'AI ÉGRATIGNÉ
QU'EST-IL ARRIVÉ À LA LASAGNE QUE J'AI PRÉPARÉE POUR LE DÎNER ?
JE L'AI MANGÉE
GARFIELD, POURQUOI ÉGRATIGNER, MANGER ET DÉTRUIRE TOUT CE QUE TU TOUCHES ?
J'Y PEUX RIEN ! JE SUIS L'ESCLAVE DE MES PASSIONS !
JIM DAVIS
1-11

LES CHATS !
LES HUMAINS !
JE SUIS DÉSOLÉ, GARFIELD. SI TU NE FAISAIS PAS CE GENRE DE CHOSES, TU NE SERAIS PAS UN CHAT. JE T'AIME POUR CE QUE TU ES
ÇA VA
QU'EST-IL ARRIVÉ À MA FOUGÈRE ?
TU NE VEUX PAS LE SAVOIR
© 1981 United Feature Syndicate, Inc

TIENS-TOI LOIN, IL Y A DE LA LASAGNE À MANGER !
1-12
JIM DAVIS
ON A UNE ENTENTE, GARFIELD ET MOI . JE ME CHARGE DE LA NOURRITURE, DE L'ABRI ET DE L'AFFECTION, IL SE CHARGE DE L'ABUS
© 1981 United Feature Syndicate, Inc.

♪ ROWRRRRR ♪
JIM DAVIS
© 1981 United Feature Syndicate, Inc.
1-13
POUSSE
EAORR
PRIMA DONNA

J'AI TROP REGARDÉ LA TÉLÉ
JIM DAVIS
JE FERAIS MIEUX DE FAIRE UNE PAUSE
© 1981 United Feature Syndicate, Inc.
1-14

JIM DAVIS
TU MANGES TROP VITE, GARFIELD
QUI DIT ÇA ?
BURP
© 1981 United Feature Syndicate, Inc.
1-15

JIM DAVIS
UN CHIEN QUI M'A À L'ŒIL
© 1981 United Feature Syndicate, Inc.
1-16

JIM DAVIS
QU'EST-CE QUI T'ARRIVE ?
QUELQU'UN A REMPLACÉ MES GOUTTES POUR LES YEUX PAR DE LA COLLE
C'EST TERRIBLE !
PAS ÉTONNANT QUE MON AVION MODÈLE RÉDUIT NE RESTE PAS COLLÉ
© 1981 United Feature Syndicate, Inc.
1-17

ON VA FAIRE UNE PETITE RANDONNÉE, GARFIELD
SUPER
JIM DAVIS
SENS-MOI L'AIR FRAIS DE LA CAMPAGNE
SNIFF ATCHOU !
C'EST L'APPEL D'UNE ESPÈCE MOINS CONNUE DE LA FAMILLE DES HÉRONS
WAKA, WAKA
WAKA SMAKA
PRAIRIES VERDO-YANTES, FORÊTS LUXU-RIANTES, MONTAGNES MAJESTUEUSES
1-18
© 1981 United Feature Syndicate, Inc.
AS-TU DÉJÀ VU UNE TELLE SPLENDEUR ?
ADORABLE

BÂILLE
1-19
JIM DAVIS
TRIP !
CE DOIT ÊTRE LUNDI
© 1981 United Feature Syndicate, Inc.

SIP
JIM DAVIS
C'ÉTAIT MON EAU CHAUDE, GARFIELD. J'ALLAIS FAIRE DU THÉ
JE SAIS
BIZARRE
© 1981 United Feature Syndicate, Inc.
1-20

C'EST LE PLUS GROS OISEAU QUE J'AIE JAMAIS VU
JIM DAVIS
1-21
GARFIELD, VIENS MANGER
© 1981 United Feature Syndicate, Inc.

JE VOIS D'ICI LES GRANDS TITRES
JIM DAVIS
« UN CHAT KIDNAPPÉ »
1-22
© 1981 United Feature Syndicate, Inc.
« ET UN CANARD ATTRAPE UNE HERNIE »

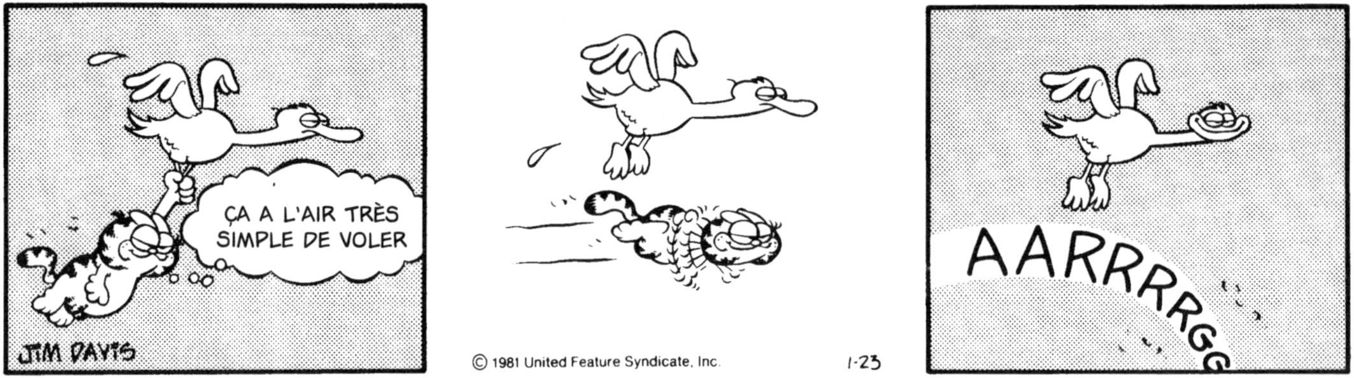

ÇA A L'AIR TRÈS SIMPLE DE VOLER
AARRRRRGG
JIM DAVIS
© 1981 United Feature Syndicate, Inc.
1-23

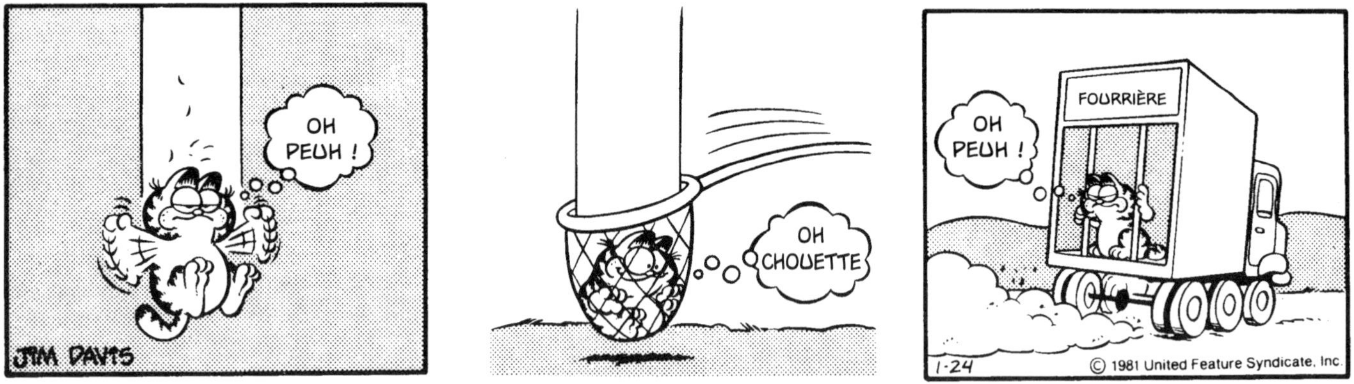

OH PEUH !
OH CHOUETTE
FOURRIÈRE
OH PEUH !
JIM DAVIS
1-24
© 1981 United Feature Syndicate, Inc.

FOURRIÈRE
SLAM!
UNE MINUTE, JE SUIS LIBRE COMME L'AIR, LA MINUTE SUIVANTE, JE SUIS À LA FOURRIÈRE. QU'EST-CE QUE J'AI FAIT DE MAL ?
© 1981 United Feature Syndicate, Inc.
JE SUIS RIEN QU'UN NUMÉRO ICI. J'AI PRESQUE OUBLIÉ CE QUE C'EST QUE D'ÊTRE DEHORS
1·25
C'EST PAS BIEN D'ENFERMER UN ANIMAL SAUVAGE
CES QUATRE MURS SE RESSERRENT SUR MOI. JE N'EN PEUX PLUS !
ÇA FAIT JUSTE DEUX MINUTES QUE T'ES LÀ
JE SAIS, MAIS C'EST MA PREMIÈRE VISITE DANS UNE PRISON
JIM DAVIS

JE NE PEUX PAS LE CROIRE. MOI, GARFIELD, DANS UNE FOURRIÈRE POUR CHIENS
JIM DAVIS
C'EST LA FOURRIÈRE MUNICIPALE. IL Y A AUSSI DES CHATS ICI, TU SAIS
ARF ARF
OH LA FERME, PELUCHE
1-26
© 1981 United Feature Syndicate, Inc

MON NOM EST GUIDO, ET VOICI MON ASSOCIÉ, PELUCHE
JIM DAVIS
1-27
GUIDO ET PELUCHE ?
J'AI TUÉ POUR MOINS QUE ÇA
LE GENRE SENSIBLE ET DUR
© 1981 United Feature Syndicate, Inc.

DIS-MOI GUIDO, POURQUOI PELUCHE EST-IL ICI À LA FOURRIÈRE ?
JIM DAVIS
SON PROPRIÉTAIRE AVAIT TROP DE MAL À LUI INCULQUER DE BONNES HABITUDES D'HYGIÈNE
IL N'ÉTAIT PAS PROPRE, HEIN ?
C'ÉTAIT LES ODEURS
1-28
© 1981 United Feature Syndicate, Inc.

COMBIEN DE TEMPS DEVRAI-JE RESTER DANS CETTE FOURRIÈRE ?
JUSQU'À CE QUE TON PROPRIO VIENNE TE CHERCHER
JIM DAVIS
ET S'IL NE VIENT PAS ?
ON BAISSERA LE RIDEAU POUR TOI
SUPER ! J'ADORE ME FAIRE LES GRIFFES SUR LES RIDEAUX
COMMENT LUI PRÉSENTER LA CHOSE ?
© 1981 United Feature Syndicate, Inc.
1-29

IL FAUT QUE NOUS SORTIONS DE CETTE FOURRIÈRE. T'AS UNE IDÉE ?
POURQUOI NE PAS UTILISER PELUCHE COMME BÉLIER ?
1-30
PELUCHE, DÉFONCE LE MUR
OUAIS
© 1981 United Feature Syndicate, Inc.
CRASH!
JIM DAVIS

MERCI DE M'AVOIR AIDÉ À M'ENFUIR DE LA FOURRIÈRE, GUIDO
Y A PAS DE QUOI
1-31
JIM DAVIS
CONTENT DE M'EN ÊTRE SORTI. QUEL SOULAGEMENT DE RETOURNER DANS LA SÉCURITÉ ET LE CONFORT DU FOYER
OÙ QU'IL SE TROUVE
© 1981 United Feature Syndicate, Inc.

OH, SALUT L'AMI
JE SUIS PERDU
TU ES SI MIGNON!
PEUX-TU M'INDIQUER LE CHEMIN?
2-1
MAINTENANT, VA-T'EN, MINET
QU'EST-CE... ?
© 1981 United Feature Syndicate, Inc.
JIM DAVIS

QU'EST-CE QUE ÇA PEUT FAIRE SI JE SUIS PERDU? JE M'ARRANGERAI
JIM DAVIS
2-2
LES CHATS SONT AVENTUREUX. LES CHATS SONT INDÉPENDANTS. LES CHATS SONT FORTS
JE VEUX MON OURSON !
© 1981 United Feature Syndicate, Inc.

ÇA NE DEVRAIT PAS ÊTRE UN PROBLÈME DE RETROUVER LE CHEMIN DE LA MAISON. LES CHATS ONT UN SENS INNÉ DE L'ORIENTATION
JIM DAVIS
MON INSTINCT ME DIT QUE JE DOIS ALLER PAR LÀ
BONG !
© 1981 United Feature Syndicate, Inc.
2-3

NOURRITURE SANTÉ
DE LA BOUFFE ! IL FAUT QUE JE MANGE !
JIM DAVIS
NOURRITURE SANTÉ
NOURRITURE SANTÉ
DE LA BOUFFE ! IL FAUT QUE JE MANGE !
© 1981 United Feature Syndicate, Inc.
2-4

BON SANG, JE SUIS À PLAT. J'AI DÛ TROP MARCHER AUJOURD'HUI
JIM DAVIS
CE SERA BIEN D'ÊTRE À LA MAISON. JE M'ENNUIE DE MON OS À MÂCHER, DE MON JOUET À MÂCHER
ET D'ODIE, MON CHIEN À MÂCHER
2-5
© 1981 United Feature Syndicate, Inc.

JE CROIS QU'IL ME FAUDRA FAIRE DU STOP JUSQU'À LA MAISON
JIM DAVIS
HEUREUSEMENT POUR MOI, J'AI QUELQUE CHOSE QUE LA PLUPART DES CHATS N'ONT PAS
DES POUCES
2-6
© 1981 United Feature Syndicate, Inc.

GARFIELD ! BIENVENUE CHEZ TOI !
2-7
JIM DAVIS
TU DOIS MOURIR DE FAIM. JE VAIS TE DONNER À MANGER
JE MEURS DE FAIM
© 1981 United Feature Syndicate, Inc.
CHEZ SOI, C'EST LÀ OÙ ON TE COMPREND

?
2-8
JIM DAVIS
!
© 1981 United Feature Syndicate, Inc

MES PIEDS ! OÙ SONT MES PIEDS ?
PEUT-ÊTRE POURRAIS-JE ME PERMETTRE DE PER-DRE UN KILO OU DEUX
JIM DAVIS
2-9
© 1981 United Feature Syndicate, Inc.

GARFIELD, JE NE DIRAIS PAS QUE TU ES GROS
GARFIELD
JIM DAVIS
MAIS TU ES PLUS JOUFFLU QU'UN LUTTEUR SUMO
GARFIELD
GARFIELD
2-10
© 1981 United Feature Syndicate, Inc.

J'AIMERAIS QUE JON CESSE SES BLAGUES SUR MON POIDS
JIM DAVIS
2-11
JE SUIS QUELQU'UN DE TRÈS SENSIBLE
ET TOI, FAUTEUIL ?
© 1981 United Feature Syndicate, Inc.

OH, OH, UNE ARACHIDE ENROBÉE DE CHOCOLAT
2-12
CRAC !
JIM DAVIS
JE CROIS QU'IL ME FAUT UN HABIT DE CHAT PLUS GRAND
© 1981 United Feature Syndicate, Inc.

2-13
JIM DAVIS
DÉSOLÉ, L'AMI
© 1981 United Feature Syndicate, Inc.

GARFIELD ! DÎNER !
GARFIELD
JIM DAVIS
2-14
J'APPRÉCIE TA PROMPTITUDE, GARFIELD
GARFIELD
© 1981 United Feature Syndicate, Inc.
MAIS LA PROCHAINE FOIS, OUVRE LA PORTE !
OUPS
GARFIELD

GARE À TOI, MÉTROPOLE, GARFIELD ARRIVE EN VILLE
C'EST MA NUIT DE HURLEMENTS
2-15
AROOO
JIM DAVIS
HÉ, BÉBÉ, QUOI DE NEUF ?
DÉGAGE, POT D'COLLE
AROOOOO
SALUT TOI, UN PETIT BAISER PEUT-ÊTRE
NE ME FAIS PAS TANT D'HONNEUR
TOI ET MOI, QUE DIRAIS-TU DE ?
TU RIGOLES, JACK
© 1981 United Feature Syndicate, Inc.
AROOOO

JIM DAVIS
EUH, OH. IL FAUT SE METTRE AU RÉGIME
© 1981 United Feature Syndicate, Inc.
2-16
FAISONS UN RÉGIME ENSEMBLE, GARFIELD. CE SERA PLUS DRÔLE
QUE DIT LE PROVERBE ?
« MISÈRE PARTAGÉE EST À MOITIÉ SOULAGÉE »

C'EST TON PREMIER JOUR DE RÉGIME, GARFIELD
JIM DAVIS
2-17
GRÂCE À L'ABNÉGATION, TU CONNAÎTRAS UN TOI PLUS MINCE ET PLUS SÛR DE LUI
JE CROIS QUE JE VAIS MOURIR !
© 1981 United Feature Syndicate, Inc.

JE VAIS MAINTENANT ESSAYER DE MANGER UN REPAS RÉGIME COMPOSÉ D'UNE FEUILLE DE LAITUE
2-18
JIM DAVIS
LÉGÈREMENT ASSAISONNÉE DUN
© 1981 United Feature Syndicate, Inc.
POT DE MAYONNAISE !
BLOP

C'EST FACILE D'ÊTRE AU RÉGIME QUAND TON ESPRIT EST BIEN
2-19
JIM DAVIS
JE NE RÊVE PLUS DE NOURRITURE
JE RÊVE DE CALORIES !
© 1981 United Feature Syndicate, Inc.

2-20
JIM DAVIS
IL FAUT QUE JE CESSE CE RÉGIME
© 1981 United Feature Syndicate, Inc.

EURÊKA ! UNE PHOTO DE LASAGNE !
JIM DAVIS
2-21
ARRACHE !
PAS MAUVAIS, À PART L'AGRAFE
PTEUH
© 1981 United Feature Syndicate, Inc.

GRATTE
GRATTE
GRATTE
GRATTE
MAMA MIA! UN TAPIS DE LAINE
SNAP !
2-22
GRATTE
GRATTE
GRATTE
GRATTE
J'ADORE L'ÉLECTRICITÉ STATIQUE
POP!
© 1981 United Feature Syndicate, Inc.
GRATTE
GRATTE
GRATTE
GRATTE
GARFIELD
JIM DAVIS
POW
JE DÉTESTE L'ÉLECTRICITÉ STATIQUE
GARFIELD

DRINNNNNG !
JIM DAVIS
2-23
J'AIME ME RÉVEILLER TÔT
PLUS TON RÉVEILLE-MATIN SONNE TÔT, PLUS LONGUE EST LA GRASSE MATINÉE
© 1981 United Feature Syndicate, Inc.

C'EST L'HEURE DE BÂILLER ET DE S'ÉTIRER
JIM DAVIS
2-24
BÂILLE
S'ÉTIRE !
© 1981 United Feature Syndicate, Inc.

MANGE TA PÂTÉE, GARFIELD
NON. ELLE ME DÉGOÛTE
JIM DAVIS
2-25
TU AIMERAIS ALLER AU LIT SANS AVOIR MANGÉ ?
CE GENRE DE PSYCHOLOGIE NE SEMBLE PAS FONCTIONNER AVEC GARFIELD
© 1981 United Feature Syndicate, Inc.

POURQUOI LES GENS AIMENT-ILS LES OURSONS ?
JIM DAVIS
2-26
C'EST POUR CE QU'ILS NE FONT PAS
ILS NE MANGENT PAS VOTRE NOURRITURE. ILS NE DANSENT PAS AVEC VOTRE COPINE. ILS NE VOUS INTERROMPENT PAS PENDANT VOTRE SOLO
© 1981 United Feature Syndicate, Inc.

2-27
JIM DAVIS
JE ME DEMANDE QUEL RÊVE GRANDIOSE GARFIELD PEUT FAIRE EN CE MOMENT
© 1981 United Feature Syndicate, Inc.

AS-TU DÉJÀ VU UN FILM AUSSI TRISTE DE TOUTE TA VIE, GARFIELD ?
PEUT-ÊTRE SUIS-JE TROP ENDURCI. OU SUIS-JE TROP CYNIQUE
JIM DAVIS
MAIS JE N'AI PAS ÉTÉ TOUCHÉ PAR « FLIPPER A MAL AU CŒUR »
2-28
© 1981 United Feature Syndicate, Inc.

JE DÉCLARE CE FAUTEUIL PROPRIÉTÉ UNIQUE DE GARFIELD LE CHAT
© 1981 United Feature Syndicate, Inc.
DESCENDS, GARFIELD, C'EST MON FAUTEUIL
MON FAUTEUIL!
JIM DAVIS
MON FAUTEUIL!
MON FAUTEUIL !
3-1
MON FAUTEUIL!
MON FAUTEUIL!
BOTTE !
MON FAUTEUIL
MON COUSSIN

ROWR
GRRR
3-2
IAOUCH !
JIM DAVIS
UN CHAT NE DOIT PAS SORTIR SES GRIFFES QUAND IL EST ASSIS DESSUS
© 1981 United Feature Syndicate, Inc.

GRIFFES
3-3
JIM DAVIS
TOCH !
LA SEULE MANIÈRE DE MANGER DES OLIVES
© 1981 United Feature Syndicate, Inc.

QU'EST-CE QUE JE SENS MONTER DANS MON CŒUR ?
3-4
JIM DAVIS
MA FOI, CE SONT MES INSTINCTS PRIMITIFS
LA CIVILISATION TELLE QUE NOUS LA CONNAISSONS DOIT TIRER À SA FIN, MAINTENANT QUE LA GRIFFE EST LÀ !
© 1981 United Feature Syndicate, Inc.

LA GRIFFE VISE L'ÉPICERIE
JIM DAVIS
3-5
ZIP!
QUELLE PIÈTRE ÉPITAPHE « IL A QUITTÉ CETTE VIE MORTELLE À L'AIDE DE BOÎTES DE CONSERVE »
SOUP
TUNA
© 1981 United Feature Syndicate, Inc.

© 1981 United Feature Syndicate, Inc.
LA GRIFFE VISE UN GARÇON-NET AVEC UN BALLON
JIM DAVIS
PAO !
LA GRIFFE Y VA D'UN RIRE CRUEL AUX DÉPENS DU JEUNE GARÇON
OUIN
3-6

LA GRIFFE S'EN VA INFLIGER DES DÉGÂTS
JIM DAVIS
3-7
CRASH
BAM
SMASH
VOUM
© 1981 United Feature Syndicate, Inc.
LA GRIFFE A ÉTÉ ABÎMÉE PAR LE CROC

PAUVRE MOI
TOUT SEUL SOUS LA PLUIE . NUL NE SE SOUCIE DE MOI, NUL DE S'INQUIÈTE
JIM DAVIS
JE CROIS QUE JE VAIS ATTRAPER UNE PNEUMONIE ET MOURIR. ILS VONT ÊTRE MALHEUREUX
GARFIELD ! RENTRE À LA MAISON !
ON A TOUS BESOIN DE S'APITOYER SUR SOI DE TEMPS À AUTRE
© 1981 United Feature Syndicate, Inc.

JE TE METS
À L'ENTRAÎNEMENT, GARFIELD
JIM DAVIS
3-9
ATTRAPE LA SOURIS ! TUE LA SOURIS ! À LA CHASSE !
TU ME DÉÇOIS. TU N'ES QU'UN ANIMAL STUPIDE DE PLUS
SI J'ATTENDS QU'ELLE ÉPUISE SON RESSORT, JE POURRAI PEUT-ÊTRE LA RÉCUPÉRER POUR MES LOISIRS
© 1981 United Feature Syndicate, Inc.

GARFIELD, OÙ EST TA SOURIS MÉCANIQUE...
JIM DAVIS
TU N'AS PAS ? NON, BIEN SÛR QUE NON
PTEUH
3-10
© 1981 United Feature Syndicate, Inc.

ATTRAPE CETTE SOURIS, GARFIELD !
QUELLE SOURIS ?
SCOUIC
3-11
JIM DAVIS
JE SAIS QU'ELLE EST LÀ. JE L'ENTENDS QUI CHICOTE. MAINTENANT FAIS QUELQUE CHOSE !
SCOUIC
KOINK
KOINK
KOINK
© 1981 United Feature Syndicate, Inc.

ATTRAPE LA SOURIS, GARFIELD !
3-12
JIM DAVIS
MAINTENANT, QU'EST-CE QUE J'EN FAIS ?
MANGE-LA !
QUI SAIT OÙ CETTE SOURIS A TRAÎNÉ !
© 1981 United Feature Syndicate, Inc.

POURQUOI LES GENS S'ATTENDENT-ILS À CE QUE LES CHATS MANGENT LES SOURIS ?
3-13
JIM DAVIS
CETTE SOURIS POURRAIT ÊTRE LA MAMAN DE QUELQU'UN. OU UN CURÉ DANS SA PETITE ÉGLISE DE SOURIS
ET UN DES PETITS OS DE CET ESCOGRIFFE POURRAIT ME RESTER PRIS DANS LA GORGE
© 1981 United Feature Syndicate, Inc.

TUE LA SOURIS, GARFIELD !
3-14
NON ! JE RESPECTE MES FRÈRES ET SŒURS AU SANG CHAUD PLUS QUE ÇA !
JE GARDE MES MAUVAIS TRAITE-MENTS POUR DES ESPÈCES VIVANTES INFÉRIEURES
PUNT !
JIM DAVIS
© 1981 United Feature Syndicate, Inc.

LES CHATS PEUVENT TOUT FIXER JUSQU'À L'INTIMIDATION
JE GAGNE
JE GAGNE ENCORE
EUH OH
CELUI-CI VA ÊTRE CORIACE
3-15
JIM DAVIS
© 1981 United Feature Syndicate, Inc.

JIM DAVIS
OH MARCIA
OH BOB
BISOU BISOU BISOU
3-16
© 1981 United Feature Syndicate, Inc.
IL EST TEMPS QUE JON AIT UN RENDEZ-VOUS
BISOU

C'EST L'HEURE DE TA VISITE CHEZ LA VET, GARFIELD
JIM DAVIS
3-17
J'AI PARFOIS L'IMPRESSION QUE JON M'UTILISE COMME PRÉTEXTE POUR VOIR CETTE VÉTÉRINAIRE
SLAM
SURTOUT QUAND IL OUBLIE DE M'AMENER
© 1981 United Feature Syndicate, Inc.

SALUT, DOC. VOUS VOUS SOUVENEZ DE MOI ?
OÙ EST VOTRE CHAT ?
JIM DAVIS
3-18
OUBLIEZ MON CHAT. ON POURRAIT PEUT-ÊTRE COMMENCER SANS LUI ?
BIEN SÛR
D'ABORD UNE PIQÛRE DE VITAMINE E POUR UNE FOURRURE PLUS LUSTRÉE
JE VAIS LE CHERCHER
© 1981 United Feature Syndicate, Inc.

QUE DIRIEZ-VOUS D'UN RENDEZ-VOUS, MA PETITE CHATTE?
3-19
JIM DAVIS
JE NE SORS PAS AVEC DES GARS QUI DONNENT DES NOMS D'ANIMAUX HORS CONTEXTE
ZUT!
© 1981 United Feature Syndicate, Inc.

POURQUOI EST-CE QUE JE NE VOUS PLAIS PAS ?
VOUS ÊTES FRUSTE, SANS MANIÈRES, ET CRÉTIN
JE VEUX DIRE À PART DE ÇA ?
JIM DAVIS
3-20
© 1981 United Feature Syndicate, Inc.

VOTRE CHAT EST EXTRÊMEMENT OBÈSE, M. ARBUCKLE. CELA POURRAIT LUI CAUSER DE GRAVES PROBLÈMES CARDIAQUES
PAS DE DANGER
JE NE CROIS PAS QUE GARFIELD AIT UN CŒUR
VOYEZ ? !
JIM DAVIS
3-21
© 1981 United Feature Syndicate, Inc.

JE VAIS FAIRE DU JOGGING CE MATIN
3-22
JIM DAVIS
BIEN SÛR, AU DÉBUT, J'AURAI FROID
MAIS ENSUITE, J'AURAI CHAUD ET JE SERAI EN SUEUR
ET MON CŒUR BATTRA LA CHAMADE JUSQU'À M'ÉTOURDIR
JE VAIS AVOIR DES AMPOULES AUX PIEDS
JE SERAI COURBATURÉ ET J'AURAI MAL PENDANT DES JOURS
LE JOGGING NE SERAIT SANS DOUTE PAS SI TERRIBLE, MAIS L'IDÉE DU JOGGING ME TUE
© 1981 United Feature Syndicate, Inc.

JE ME DEMANDE QUEL JOUR NOUS SOMMES ?
BONG !
LUNDI
JIM DAVIS
3-25
© 1981 United Feature Syndicate, Inc.

NOUS SOMMES DEUX ET IL Y A UN SEUL BEIGNE, GARFIELD. PARTAGEONS
OÙ EST MA PORTION ?
REGARDE BIEN. J'AI LAISSÉ LE TROU POUR TOI
JIM DAVIS
3-24
© 1981 United Feature Syndicate, Inc.

JAPPE ! JAPPE ! JAPPE !
JIM DAVIS
© 1981 United Feature Syndicate, Inc.
JE N'ARRIVE PAS À VOIR LE CÔTÉ SPORTIF DE LA CHOSE
3-25

AH, UNE PORTE MOUSTIQUAIRE OÙ JE POURRAI ME SUSPENDRE
© 1981 United Feature Syndicate, Inc.
ILS NE LES FONT PLUS AUSSI SOLIDES
3-26
JIM DAVIS

HO! QU'EST-CE QUE C'EST?
JIM DAVIS
3-27
PAS DE PANIQUE, GARFIELD. C'EST SEULEMENT UNE PETITE PLUIE
AAAAAAAAAAAAA
© 1981 United Feature Syndicate, Inc.

J'ADORE LA LASAGNE QUAND ELLE SORT DU FOUR : LA SAUCE TOMATE, LA VIANDE, LE FROMAGE FONDU
JIM DAVIS
3-28
GARFIELD!
© 1981 United Feature Syndicate, Inc.

JE SORS, GARFIELD. LES FEMMES VONT ÊTRE HYSTÉRIQUES EN ME VOYANT
CET ACCOUTREMENT EST HYSTÉRIQUE
QUE PENSES-TU DE MA TENUE?
QUELQUES RETOUCHES NE FERAIENT PAS DE TORT
RENTRONS CETTE CRAVATE, ET AÉRONS UN PEU LES MANCHES
3·29
© 1981 United Feature Syndicate, Inc
UN CHAT INTELLIGENT SAIT JUSQU'OÙ IL PEUT ALLER SANS DÉPASSER LES LIMITES
ET SI ON INCLINAIT LE CHAPEAU?
JIM DAVIS

SOUVIENS-TOI, GARFIELD. NOUS ALLONS À LA FERME, ET C'EST POUR RELAXER
JIM DAVIS
3-30
JE SAIS QUE LA DERNIÈRE FOIS TU AS VOULU TE RENDRE UTILE
MAIS ON NE FAIT PAS POUSSER LES POULETS EN LES PLANTANT DANS LA TERRE
C'ÉTAIT UNE ERREUR HONNÊTE
© 1981 United Feature Syndicate, Inc.

LES MÈRES ASSOCIENT AMOUR ET NOURRITURE. QUAND ELLES TE NOURRISSENT, ELLES DISENT: JE T'AIME
JIM DAVIS
MANGE MANGE MANGE
© 1981 United Feature Syndicate, Inc.
ET JE T'AIME AUSSI
3-31

L'AMPOULE EST GRILLÉE
JIM DAVIS
4-1
NE T'EN FAIS PAS POUR MOI. JE RESTERAI ASSISE DANS LE NOIR ET JE DEVIENDRAI AVEUGLE
JE VAIS ARRANGER ÇA
C'EST UN SI BON GARÇON

À TON ÂGE, J'ÉTAIS MARIÉ ET J'AVAIS UN ENFANT
OUAIS, MOI !
4-2
JIM DAVIS
EXCELLENT ARGUMENT, FISTON. MAIS JE CROIS QUAND MÊME QUE TU DEVRAIS TE MARIER

MAINTENANT QUE LE SOLEIL S'EST COUCHÉ, LE PLUS PALPITANT EST À VENIR
JIM DAVIS
4-3
© 1981 United Feature Syndicate, Inc.
ON SE RETOURNE ET ON REGARDE LA LUNE SE LEVER
CALME-TOI, PETIT CŒUR QUI PALPITE

C'EST PLUTÔT JOLI ICI À LA FERME
4-4
JIM DAVIS
CUI
CUI
© 1981 United Feature Syndicate, Inc.
WALT DISNEY, TU PEUX ALLER TE RHABILLER

EUH OH. JE NE TRAVERSERAI JAMAIS CE RAYON DE SOLEIL SANS M'ENDORMIR
QUI NE RISQUE RIEN N'A RIEN
4-5
© 1981 United Feature Syndicate, Inc
Z
POOMP!
Z
VIENS, GARFIELD, ALLONS FAIRE UNE PROMENADE
JIM DAVIS
Z
Z

TU DEVIENS UN PEU GRASSOUILLET, GARFIELD
JIM DAVIS
4-6
TU ATTIRERAIS PEUT-ÊTRE PLUS LES DAMES SI TU RENTRAIS TA BRIOCHE
APRÈS TOUT, PEUT-ÊTRE PAS
© 1981 United Feature Syndicate, Inc.

VOICI ARLÈNE. ELLE EST FOLLE DE MOI
4-7
JIM DAVIS
BUENAS DIAS, MA JOLIE. JE SAVAIS QUE TU REVIENDRAIS
BIEN SÛR QUE TU LE SAVAIS, GROS BOUDIN. TU ES ASSIS SUR MA SOURIS DE CAOUTCHOUC
© 1981 United Feature Syndicate, Inc.

DIS-MOI, ARLÈNE, COMMENT SE SENT-ON AVEC UN ÉNORME, HORRIBLE ET RISIBLE ESPACE ENTRE LES DENTS ?
JIM DAVIS
4-8
OH!
© 1981 United Feature Syndicate, Inc.

ROWRR
OOOO
JIM DAVIS
4-9
POURQUOI LES CHATS MIAULENT-ILS TOUJOURS QUAND ILS SORTENT ENSEMBLE ?
PRÉFÉRERAIS-TU VENIR CHEZ MOI POUR VOIR MON TROPHÉE D'EXPO FÉLINE ?
EROOO
© 1981 United Feature Syndicate, Inc.

QUE DIRAIS-TU D'AVOIR UNE RELATION QUI DURE, GARFIELD ?
JIM DAVIS
4-10
DÉSOLÉ, ARLÈNE. JE SUIS DÉJÀ DÉSESPÉRÉMENT AMOUREUX DE QUELQU'UN D'AUTRE
QUI ?
MOI
© 1981 United Feature Syndicate, Inc.

MERCI POUR LA SORTIE, ARLÈNE
UN PETIT BAISER DE FIN DE SOIRÉE ?
4-11
JIM DAVIS
BISOU
BISOU
BISOU
INFATUÉ!
© 1981 United Feature Syndicate, Inc.

N'EST-CE PAS QUE LES ANIMALERIES SONT FASCINANTES ?
LES MIGNONS HAMSTERS, LES CANARIS, LES POISSONS TROPICAUX
4-12
GARFIELD ?
GARFIELD ?!!
OH, TE VOICI
VIENS, ALLONS DÉJEUNER À LA MAISON
NON MERCI, JE VIENS JUSTE DE MANGER
JIM DAVIS
© 1981 United Feature Syndicate, Inc.

OÙ ÉTAIS-TU LA NUIT DERNIÈRE, GARFIELD ?
JIM DAVIS
4-13
TU AS RENCONTRÉ DES DANSEURS DE BALLET ET VOUS ÊTES ALLÉS À UNE COURSE EN SAC ?
C'EST À PEU PRÈS ÇA
© 1981 United Feature Syndicate, Inc.

Z
JIM DAVIS
J'APPE !
© 1981 United Feature Syndicate, Inc.
4-14

YIP !
YIP !
YIP !
YIP!
YIP!
JIM DAVIS
4-15
© 1981 United Feature Syndicate, Inc.

SI LA RÉINCARNATION EXISTE VRAIMENT, J'AIMERAIS REVENIR EN STAR DE CINÉMA
JIM DAVIS
4-16
QU'AIMERAIS-TU ÊTRE LA PROCHAINE FOIS, GARFIELD ?
QUELLE QUESTION !
UN CHASSEUR DE CHIENS, ÉVIDEMMENT
© 1981 United Feature Syndicate, Inc.

B'JOUR JON. POUR VOUS CE SERA ?
ŒUFS SUR LE PLAT ET JAMBON
MENU
4-17
JIM DAVIS
© 1981 United Feature Syndicate, Inc.
ET POUR VOUS, MONSIEUR ?
MENU
CE SERA TOUS LES PLATS AU MENU, MERCI

GARFIELD, LES CHATS NE MARCHENT PAS SUR LEURS PATTES DE DERRIÈRE
JIM DAVIS
4-18
JE L'IGNORAIS
© 1981 United Feature Syndicate, Inc.

COMPOSE
ALLÔ, INGRID ? SI ON SORTAIT ENSEMBLE CE WEEK-END ?
OK. OU ALORS LE WEEK-END SUIVANT ? OU ENCORE L'AUTRE QUI SUIVRA ?
© 1981 United Feature Syndicate, Inc.
PEUT-ÊTRE LE WEEK-END APRÈS CELUI-LÀ ? OU L'AUTRE ? LE SUIVANT ? ALORS DISONS LE WEEK-END APRÈS ?
ÉCOUTE, INGRID, SI TU NE VEUX PAS SORTIR AVEC MOI, POURQUOI NE LE DIS-TU PAS ?
SLAM
4-19
JE CROIS QUE J'AI ÉTÉ CLAIR
MÈNE-LES EN BATEAU, PUIS BRISE-LEUR LE CŒUR, HEIN, JON ?
JIM DAVIS

LA LUNE EST PARFAITE
4-20
JIM DAVIS
L'HEURE EST PARFAITE
© 1981 United Feature Syndicate, Inc.
BONSOIR MESDAMES ET MES VIEUX. IL M'EST ARRIVÉ UNE DRÔLE D'HISTOIRE EN VENANT ICI CE SOIR

UN CANARI M'APPROCHE ET ME DIT : «JE N'AI PAS PRIS UNE BOUCHÉE DEPUIS TROIS JOURS.» ALORS VOUS SAVEZ CE QUE J'AI FAIT ?
JIM DAVIS
4-21
JE L'AI MANGÉ !
© 1981 United Feature Syndicate, Inc.
YAH DAH DAH DAH DAH DAH
TAPITI TAPITI

O SOLE
♫MEYOW♪
JIM DAVIS
4-22
© 1981 United Feature Syndicate, Inc.
JE SAIS QUE VOUS ÊTES LÀ. JE VOUS ENTENDS RESPIRER

MA PROCHAINE CHAN-SON EST POUR VOUS, JOLIES DAMES
JIM DAVIS
4-23
ET PUIS BON. POUR VOUS AUSSI, LES LAIDES
© 1981 United Feature Syndicate, Inc.
BOP!
BAP!
BAP!

AROOOO.
JIM DAVIS
4-24
THOCK!
HA HA ! J'ÉTAIS PRÉPARÉ CETTE FOIS-CI
© 1981 United Feature Syndicate, Inc.
KACHUNG!

AIMEZ-MOI COMME JE SUIS S'IL VOUS PLAÎT
JIM DAVIS
4-25
QU'EST-CE QUE C'EST?
© 1980 United Feature Syndicate, Inc.
HOOK!

BONJOUR, GARFIELD. VOICI TON PETIT-DÉJEUNER, GOURMAND
GARFIELD
SPLAT !
BERK
JIM DAVIS
DÉCHIRE!
GRIFFE
GRIFFE
CUI CUI
IIIIIK !
RIEN QU'UN AUTRE JOUR DANS LA VIE D'UN CHAT TYPIQUE
4-26
© 1981 United Feature Syndicate, Inc.

POURQUOI A-T-ON MIS LES CHATS SUR LA TERRE ?
4-27
JIM DAVIS
EH BIEN, POUR FAIRE PLAISIR AUX GENS
ET POUR FAIRE LA VIE DURE AUX CHIENS
SMACK !
© 1981 United Feature Syndicate, Inc.

Y A RIEN COMME UN BON CAFÉ FUMANT ET UN JOURNAL POUR DÉBUTER UNE JOURNÉE
JIM DAVIS
4-28
CE SERAIT ENCORE MIEUX SI JE SAVAIS LIRE
© 1981 United Feature Syndicate, Inc.

ROWR!
4-29
JIM DAVIS
© 1981 United Feature Syndicate, Inc.

UNE FOIS DE PLUS, JE M'AVENTURE DANS L'INCONNU À LA RECHERCHE D'UNE PROIE
JIM DAVIS
4-30
JE CHOISIS MA PROIE, MAIS JE DOIS L'ABATTRE D'UN COUP
LES HAMBURGERS PEUVENT ÊTRE DANGEREUX S'ILS SONT SEULEMENT BLESSÉS
© 1981 United Feature Syndicate, Inc.

JE MANGE TROP. JE DORS TROP, ET JE NE FAIS AUCUN EXERCICE
JIM DAVIS
5-1
IL Y A CERTAINEMENT DE LA PLACE POUR L'AMÉLIORATION
JE CROIS QUE JE VAIS COMMENCER À FUMER
© 1981 United Feature Syndicate, Inc.

JIM DAVIS
5-2
GOBE GOBE
GOBE
GOBE
GARFIELD
GROSSE JOURNÉE
© 1981 United Feature Syndicate, Inc.

MROW
OOOO
ROWRR
UR
JIM DAVIS
© 1981 United Feature Syndicate, Inc
AROOOOOOO
MERCI POUR LA SOIRÉE, GARFIELD
FAIS GAFFE, ARLÈNE
5·3

BÂILLE
JIM DAVIS
5-4
POUMP !
JE TE REVAUDRAI ÇA, LUNDI
© 1981 United Feature Syndicate, Inc.

5-5
HA HA. COMMENT TE RÉSISTER QUAND TU FAIS LE MIGNON, GARFIELD ? SERS-TOI
JIM DAVIS
UN FOU ABANDONNE FACILEMENT SA LASAGNE
© 1981 United Feature Syndicate, Inc.

JIM DAVIS
5-6
© 1981 United Feature Syndicate, Inc.

QUE DIRAIS-TU D'ALLER FAIRE DU JOGGING CE MATIN, GARFIELD ?
JIM DAVIS
5-7
QUE DIRAIS-TU DE SAIGNER UN PEU CE MATIN?
JE VOIS CE QUE TU VEUX DIRE
PERSPICACE
© 1981 United Feature Syndicate, Inc.

SI TU VEUX MANGER, SERS-TOI DE CET OUVRE-BOÎTE, GARFIELD
CAT FOOD
5-8
TU SAIS QUOI EN FAIRE?
OUI, JE SAIS
CAT FOOD
JIM DAVIS
© 1981 United Feature Syndicate, Inc.
DONNE-MOI UN STEAK
CAT FOOD

5-9
JIM DAVIS
BON, QUI A MIS DES YEUX SUR MON HAMBURGER ?
© 1981 United Feature Syndicate, Inc.

QUE T'EST-IL ARRIVÉ, GARFIELD ?
TU MARCHAIS TRANQUILLEMENT, SANS TE SOUCIER DE CE QUI SE PASSAIT AUTOUR
TU T'ES ARRÊTÉ POUR HUMER UNE FLEUR
SNIFF
QUAND UN CHIEN ÉNORME EST ARRIVÉ DERRIÈRE TOI
BADANG
ET A VOULU TE VIDER DE TA SUBSTANCE
TU AS TELLEMENT RAISON
JIM DAVIS
5-10
© 1981 United Feature Syndicate, Inc.

HÉ, GARFIELD, QUE PENSES-TU DU NOUVEAU PAPIER PEINT ?
JIM DAVIS
5-11
JE L'ADORE
© 1981 United Feature Syndicate, Inc.

SI J'ÉTAIS DU GENRE CRUEL, JE POUSSERAIS ODIE EN BAS DE LA TABLE
JIM DAVIS
MAIS JE NE LE SUIS PAS
5-12
PAR CONTRE, MON OURSON L'EST LUI
© 1981 United Feature Syndicate, Inc.

JIM DAVIS
SORS DE MON FAUTEUIL. DÉGAGE !
5-13
POOKY VEUT REGARDER LA TÉLÉ
© 1981 United Feature Syndicate, Inc.
JE VOIS OÙ JE ME SITUE DANS TA HIÉRARCHIE

J'AI UN NOUVEAU RÉGIME POUR TOI, GARFIELD. TU PEUX MANGER TOUT CE QUE TU VEUX
JIM DAVIS
5-14
APRÈS AVOIR MANGÉ TROIS KILOS DE CAROTTES !
© 1981 United Feature Syndicate, Inc.

GARFIELD, TU ES TROP RENFERMÉ
5-15
JIM DAVIS
QUE PUIS-JE FAIRE POUR QUE TU T'INTÉRESSES À LA GRANDE NATURE ?
POUR COMMENCER, TU POURRAIS Y METTRE DES MOUSTIQUAIRES ET UN TOIT
© 1981 United Feature Syndicate, Inc.

JIM DAVIS
5-16
CRISE DE SIESTE !
JE LE DÉTESTE
Z
© 1981 United Feature Syndicate, Inc.

JE ME DEMANDE SI J'ARRIVERAIS À TENIR JUSTE SUR DEUX PATTES
HÉ, C'EST GÉNIAL ! JE TIENS DEBOUT
JIM DAVIS
MAINTENANT JE PEUX FAIRE DES CLAQUETTES
TAP
TAP
TAPPITY
TAP
TAP
TAP
JE PEUX ATTEINDRE LE DESSUS DE LA TABLE
ET DONNER UN COUP DE PIED À ODIE
COUP PIED !
GARFIELD ! LES CHATS NE PEUVENT PAS MARCHER SUR LEURS PATTES DE DERRIÈRE !
5-17
SMACK!
TU VOIS !
MERCI BIEN
© 1981 United Feature Syndicate, Inc.

JIM DAVIS
AIMERAIS-TU ALLER CAMPER, GARFIELD ?
© 1981 United Feature Syndicate, Inc.
QUOI ? ET ÊTRE MOUILLÉ LORSQU'IL PLEUT, AVOIR FROID LE SOIR ET AVOIR LES PIEDS CRIBLÉS D'ÉPINES ? !
ON AURA DE LA LASAGNE GRATINÉE
JE SUIS PRÊT, ALLONS-Y
5-18

TOUT EST PRÊT POUR LE CAMPING, GARFIELD. AI-JE OUBLIÉ QUELQUE CHOSE ?
JIM DAVIS
© 1981 United Feature Syndicate, Inc.
AUTRE CHOSE ?
OUI, 200 KILOMÈTRES DE RALLONGE
5-19

Y A SEULEMENT UNE CHOSE QUE J'AIME DANS LES VOITURES
LES PLAFONDS REMBOURRÉS
JIM DAVIS
5-20
© 1981 United Feature Syndicate, Inc.

GARFIELD ! SORS DE LÀ !
LA LUMIÈRE S'ÉTEINT QUAND LA BOÎTE À GANTS EST FERMÉE
JIM DAVIS
5-21
© 1981 United Feature Syndicate, Inc.

BOING
BOING
JIM DAVIS
5-22
T'ENNUIES-TU, GARFIELD?
IL S'APERCEVRA À QUEL POINT JE M'ENNUIE S'IL NE ME MET PAS BIENTÔT DANS UNE LITIÈRE
© 1981 United Feature Syndicate, Inc.

SORS DE LA VOITURE, GARFIELD
JIM DAVIS
ALLONS NOUS PRÉLASSER SOUS LE SOLEIL ET DORMIR AVEC LES PETITES BÊTES DE LA NATURE, GARFIELD
5-23
TRADUCTION : « ALLONS NOUS FAIRE CUIRE LE CERVEAU ET DORMIR À MÊME LE SOL AVEC LES MOUSTIQUES ET LES SERPENTS »
© 1981 United Feature Syndicate, Inc.

EH BIEN, NOUS VOICI AU CŒUR DE LA NATURE SAUVAGE, GARFIELD. OUVRE L'ŒIL, IL POURRAIT Y AVOIR DES ANIMAUX SAUVAGES
QUOI ? !
QUOI ? !
TU TE MOQUES DE MOI, N'EST-CE PAS ?
OH NON, PAS CETTE FOIS, GARFIELD
5-24
© 1981 United Feature Syndicate, Inc.
ON N'EST PAS DANS PIERRE ET LE LOUP, GARFIELD
JIM DAVIS

TRAVERSE LE RUISSEAU, GARFIELD
JIM DAVIS
5-25
JE NE COMPRENDS PAS POURQUOI LES CHATS ONT SI PEUR D'UNE PETITE MARE
TU AURAIS PEUR AUSSI SI TU DEVAIS TE LAVER AVEC TA LANGUE

C'EST NOTRE PREMIÈRE NUIT DE CAMPING, GARFIELD. PROFITES-EN
5-26
JIM DAVIS
ROAR!
TU EN PROFITES. JE T'ATTENDS DANS LA VOITURE

VERROUILLE TA PORTE, GARFIELD. CE QUARTIER EST VIOLENT
JIM DAVIS
5-27
JE SAIS
TU VOIS SOUVENT DES ENFANTS ORGANISER UN CONCOURS D'AVALEURS DE BORNES-FONTAINES ?
© 1981 United Feature Syndicate, Inc.

JIM DAVIS
5-28
© 1981 United Feature Syndicate, Inc.

JIM DAVIS
DIS-MOI QUE CE N'EST PAS LA CASQUETTE D'UN AGENT DE LA CIRCULATION, GARFIELD
D'ACCORD, CE N'EST PAS LA CASQUETTE D'UN AGENT DE LA CIRCULATION
5-29
© 1981 United Feature Syndicate, Inc.

JE M'ENNUIE. JE CROIS QUE JE VAIS ALLER PRENDRE UN PEU D'AIR FRAIS
JIM DAVIS
5-30
GARFIELD ! ON ROULE À PLUS DE 80 !
J'AVAIS REMARQUÉ
© 1981 United Feature Syndicate, Inc.

BON, BON. VOICI VENIR ARLÈNE
HÉ, BÉBÉ, QUOI DE NEUF ?
DÉGAGE, POT D'COLLE
QUE DIRAIS-TU D'UN DÎNER GASTRONOMIQUE?
JE SUIS TOUTE À TOI !
VRAIMENT, TU N'AURAIS PAS DÛ
AU DIABLE LA DÉPENSE. RIEN QUE LES MEILLEURS RESTANTS POUR TOI, MA CHÈRE
JIM DAVIS
© 1981 United Feature Syndicate, Inc
5-31

ENCORE TOI
ENCORE MOI
6-1
JIM DAVIS
NERMAL, LE PLUS MIGNON CHATON DU MONDE
MAINTENANT, TIENS-TOI LOIN, LE GROS, J'AI DES GENS À CHARMER
© 1981 United Feature Syndicate, Inc.

DEHORS!
JIM DAVIS
6-2
TU PEUX GRIFFER MON FAUTEUIL. TU PEUX INSULTER MA MÈRE. TU PEUX BATTRE MON CHIEN, ET TU PEUX JOUER AVEC MA SOURIS DE CAOUTCHOUC
© 1981 United Feature Syndicate, Inc.
MAIS TU NE MANGES PAS MA NOURRITURE ET TU NE DORS PAS DANS MON LIT
OUI, M'SIEUR

NOUS LES CHATS SOMMES TRÈS INDÉPENDANTS
JIM DAVIS
6-3
NOUS N'AVONS PAS BESOIN D'ATTENTION
SAUF QUAND ON EN DONNE À QUELQU'UN D'AUTRE
© 1981 United Feature Syndicate, Inc.

VIENS ICI, NERMAL
6-4
RENDS-TOI UTILE
JIM DAVIS
OÙ VAS-TU ?
À LA PÊCHE AUX CHIENS
© 1981 United Feature Syndicate, Inc.

6-5
JIM DAVIS
À MOI !
POOKY EST L'OURSON D'UN SEUL CHAT
© 1981 United Feature Syndicate, Inc.

JE CROIS QUE JE VAIS PARTIR
VRAIMENT, SI TÔT ?
JIM DAVIS
SI TU INSISTES, JE RESTE
© 1981 United Feature Syndicate, Inc.
6-6

TAPE
TAPE
TAPE
JIM DAVIS
PUNT !
6-7
© 1981 United Feature Syndicate, Inc.